AF464204

Lk
851

Pierre CENT

EN AFRIQUE FRANÇAISE

BLANCS & NOIRS

BOURREAUX & VICTIMES

PARIS

Imprimerie H. Roberge

235, RUE DU FAUBOURG-SAINT-MARTIN, 235

1905

EN AFRIQUE FRANCAISE

BLANCS & NOIRS

BOURREAUX & VICTIMES

Brazza contre Gentil ! Gentil contre Brazza ! Autour de ces deux noms, qui devraient tout au moins s'imposer au respect de tous en raison des services déjà rendus au pays, s'engagent de violentes polémiques, s'échafaudent de honteuses accusations. Elles n'ont pour *origine* que des racontars, des déclarations pleines de réticences habilement calculées, d'un haut fonctionnaire des colonies, haineux et vindicatif, dont la réputation de partialité est depuis longtemps établie ; les tirades ampoulées d'un jeune professeur de philosophie, présomptueux et ignorant des hommes et des choses dont il parle, qui a cru trouver, entre un mort et un mourant, toutes facilités pour se tailler une popularité malsaine et donner libre carrière à son ambition désordonnée.

Dans les circonstances actuelles, Gentil n'est qu'un prétexte, une cible ; les accusations portées contre lui passent par dessus sa tête et atteignent directement tout le parti colonial français.

Les deux protagonistes de la campagne menée contre Gentil sont l'inspecteur général Hoareau-Desruisseaux et le professeur Challaye, tous deux membres de la mission Brazza. C'est peu comme nombre et comme valeur ; mais les deux accusateurs publics suppléent à l'autorité morale qui manque au premier, à l'expérience coloniale qui fait défaut au second, par une réelle habileté et un mépris absolu de tout scrupule.

Il semblait, en effet, à tous les gens raisonnables, que les membres de la mission de Brazza, frappés par la mort du chef qui seul avait le droit de défendre ou d'accuser, avaient pour devoir strict de remettre au Ministre des Colonies les rapports confiés à leur discrétion et à leur loyauté, et de se garder de toute appréciation d'ensemble ou de détail qu'ils n'avaient aucune qualité pour formuler. Il appartenait au Ministre de dépouiller les rapports reçus, d'interroger ceux qui pouvaient le renseigner et, son opinion établie, de faire la lumière complète devant le Parlement et devant le pays.

M. Clémentel paraissait avoir ainsi compris son rôle ; par une mesure de sage prudence, il avait envoyé à la rencontre des membres de la mission de Brazza, passagers à bord de la « Ville de Macéio », un fonctionnaire chargé de rappeler à tous la nécessité de se refuser à toute communication, d'éviter toute indiscrétion dangereuse ou déplacée.

Le Ministre commande, mais l'inspecteur général Hoareau-Desruisseaux n'obéit pas. Sur le pont même de la « Ville de Maceio », au moment où l'envoyé spécial du Ministre vient de lui recommander la plus grande prudence et la discrétion absolue, l'inspecteur général donne audience au correspondant du « Journal ».

« M. Hoareau-Desruisseaux, dit le journaliste, re-
« vient chargé d'un volumineux dossier. Il est por-
« teur de nombreux rapports écrits par M. de Brazza
« lui-même. Mon éminent interlocuteur *regrette* de ne
« pouvoir me donner communication de ces très inté-
« ressants papiers qu'il doit remettre au Ministre des
« Colonies.

« L'inspecteur général des colonies est *fort heureu-*
« *sement un homme aimable. Il lui déplairait de lais-*
« *ser un reporter dans l'embarras.*

« Une conversation d'allure aimable s'engage, et
« au bout de quelques minutes, je sais que l'enquête
« a révélé bien des griefs, bref qu'elle est sévère pour
« l'administration actuelle du Congo.

« M. Hoareau-Desruisseaux ne m'en dira pas plus
« long. »

Mais le lendemain, à Paris, l'inspecteur général est plus loquace ; il dose savamment ses perfides insinuations. C'est précisément au seuil du Cabinet du Ministre que l'infatigable reporter du « Journal » attend M. Hoareau-Desruisseaux. La conversation s'engage :

« Non, je ne puis pas vous répondre, dit l'inspecteur « général. Cependant je dois ajouter que M. de Brazza « obtenait des indigènes ce que personne ne pouvait « espérer. Et pourtant il n'employait que des moyens « pacifiques.

« Est-ce à dire que tous les actes de cruauté repro- « chés au commissaire général Gentil seraient exacts ?

« *Il y a beaucoup de cadavres*, répond M. Hoareau- « Desruisseaux. Le portage est quelque chose d'af- « freux. »

M. Hoareau-Desruisseaux paraît regretter de m'en avoir tant dit, souligne le malicieux reporter.

Le Ministre des Colonies, dont les ordres sont ouvertement et de parti pris transgressés, ne bronche pas.

Aux journalistes qui l'assiègent et plus particulièrement au rédacteur du « Temps », qui, par souci d'exactitude, lui fait remarquer que les membres de la mission Brazza ont pris l'initiative des accusations sensationnelles, M. Clémentel se contente de déclarer qu'il ne comprend pas comment des fonctionnaires ont pu oublier de la sorte leurs devoirs professionnels.

« Les indiscrétions des membres de la mission de « Brazza, comme celles des amis de M. Gentil sont, « dit le Ministre, des plus regrettables. J'avais envoyé « au devant du bateau, qui ramenait M. Hoareau-Des- « ruisseaux, un de nos fonctionnaires, qui a insisté « sur ce devoir de discrétion de tous. Il est déplorable

« de voir des fonctionnaires manquer à leur devoir « professionnel jusqu'à parler à des journalistes avant « d'avoir vu leur Ministre, d'autant plus que leurs pa- « roles, ainsi qu'ils devaient le prévoir, ont été déna- « turées et amplifiées. »

Le Ministre des Colonies se désole et épanche sa douleur dans le sein des reporters. Mais il n'agit pas. Il a cependant sous la main le principal coupable, l'inspecteur Hoareau-Desruisseaux, l'auteur responsable de tout le mal, celui qui a violé les ordres donnés et engagé les premières hostilités.

M. Clémentel ne sévit pas.

L'opinion publique en conclut que chef et subordonné, Ministre et inspecteur général, sont d'accord et jouent une comédie dont la mise en scène a été préparée d'avance.

Et cette opinion se fortifie, quand le fonctionnaire indiscipliné devient menaçant et fait publier, on laisse publier sans protester, l'entrefilet suivant :

« M. Hoareau-Desruisseaux a émis devant le Mi- « nistre l'intention de saisir le procureur général des « accusations portées contre M. Gentil ; il a déclaré « qu'un fonctionnaire ayant eu, dans l'exercice de ses « fonctions, connaissance d'actes criminels doit, de par « la loi, dénoncer ces actes à la justice.

« Si M. Hoareau-Desruisseaux persistait dans ses « intentions, le procureur général devrait immédiate- « ment ouvrir une instruction contre M. Gentil. »

A cet ultimatum, le Ministre des Colonies ne répond que par un silence résigné.

Sous les yeux des journalistes ébahis, M. Clémentel étale un volumineux dossier secret, des enveloppes fermées, soigneusement scellées ; effrayés par tout ce mystère, les reporters se croient revenus aux plus mauvais jours de l'affaire Dreyfus. L'un de ces plis, épais de quatre centimètres, porte cette suscription : *Rapport N° 20. H. de R. à laisser fermé jusqu'à nouvel ordre.* Il contient, paraît-il, de graves accusations contre le commissaire général ; mais, fidèle à la volonté du mort, M. Clémentel n'ouvrira la mystérieuse enveloppe qu'en présence de Gentil complètement rétabli et capable de se défendre.

Le Ministre supplie les journalistes de conclure un armistice ; il faut, dit-il, accorder à Brazza mort la trève des funérailles, à Gentil mourant, la trève de la maladie.

Ce sentiment est fort louable, et M. Clémentel l'exprime sûrement de bonne foi ; mais, dès le lendemain, les journaux publient des analyses complètes, des passages textuels des fameux documents secrets contenues dans les enveloppes fermées, cachetées, mises sous clef dans un coffre du cabinet du Ministre.

Un journal d'opposition fait remarquer que la regrettable polémique soulevée autour du rapport de la mission Brazza, polémique qui désespèrent tous les bons Français, a eu son origine dans la *coupable in-*

discrétion de deux membres de la mission qui ont ouvert l'un pour le compte d'un journal du matin, et l'autre d'un journal du soir, les documents qui leur avaient été confiés.

Ainsi mis en demeure en termes d'ailleurs fort courtois et d'une irrésistible logique, M. Clémentel fait le mort.

En même temps et pour appuyer son chef de file, le jeune Challaye terminait un article filandreux adressé au journal le « Temps » par un violent réquisitoire contre les criminels qui torturent les noirs, contre les bandits qui les pillent. L'accusation était générale et peu précise ; mais enhardi par l'attitude timide du Ministre, M. Challaye ne craint plus d'affirmer, dans une lettre adressée à la « Dépêche Coloniale », que les expressions de bandits dont il s'est servi, s'appliquent bien aux concessionnaires du Congo français. Le Ministre des Colonies a en mains tout ce qu'il faut pour rappeler à l'ordre son jeune et turbulent attaché de mission officielle, et défendre les bons Français qui travaillent au Congo, qu'il connaît bien, et qui jusqu'à nouvel ordre, ont droit au respect de tous. M. Clémentel se tait encore.

Dans le duel qui s'engage, le Ministre prend donc parti pour les accusateurs ; il les soutient, alors qu'il devrait les frapper dans l'intérêt seul de la discipline. Et cette constatation devient encore plus pénible, quand on remarque que les indiscrétions coupables ne portent que sur les documents accusateurs et que ceux qui ont usurpé la place du Ministre pour s'ériger en grands justiciers, tiennent soigneusements sous le boisseau les rapports favorables au Commissaire général, celui de l'inpecteur Loisy par exemple.

L'opinion publique veut savoir les raisons de cette bizarre attitude. Elle n'en trouve qu'une seule plausible : M. Clémentel est assurément animé des meilleures intentions, mais il a peur de ses subordonnés qui tiennent en réserve des preuves écrasantes, non seulement contre l'administration locale du Congo, mais contre l'administration métropolitaine, contre la direction donnée au Pavillon de Flore aux affaires coloniales. M. Clémentel est le prisonnier de l'inspecteur Hoareau-Desruisseaux et de l'éphèbe Challaye.

Pendant que sous l'œil attristé du Ministre impuissant, ses fonctionnaires se ruent au scandale, l'étranger se moque de nous et tire déjà parti de nos stupides querelles.

Les Belges au Congo ont transformé leurs officiers en gérants de factorerie directement intéressés aux bénéfices ; certains d'entre eux exploitaient, à coup de fusil, le domaine privé de sa Majesté. Mais les Belges pris la main dans le sac, n'avouent jamais ; ils discutent, ergotent et malgré l'incontestable évidence des faits, le roi Léopold, grand négociant en caoutchouc rouge, a pu se procurer jusque dans la presse française des défenseurs désintéressés.

A la Gold Coast, les Anglais ont noyé dans des torrents de sang la révolte des indigènes de Coumassie. Le haut fonctionnaire, envoyé par le gouvernement de la Reine pour enquêter sur les causes du soulèvement, a formellement déclaré qu'il était dû aux maladresses et aux exactions des fonctionnaires britanniques. La presse anglaise a rapidement clos l'incident, en remarquant qu'il fallait profiter de la leçon, mais qu'il était inutile de s'étendre longuement sur une défaillance passagère.

J'ai vu les Allemands du Togo employer contre les populations noires, riveraines du fleuve Mono et autrefois françaises, des procédés de révoltante barbarie, dont la *schlague* à jet continu n'était que la plus douce manifestation. Les mêmes méthodes de colonisation, employées en Afrique occidentale allemande, ont amené la révolte des Herreros, qui infligent actuellement aux armes impériales un humiliant échec. La presse teutonne se tait.

Et chez nous, il suffit que deux malheureux, Gaud et Toqué, commettent des actes répréhensibles isolés, immédiatement suivis d'ailleurs d'un châtiment exemplaire, pour que le Ministre des Colonies s'affole, désireux par dessus tout de se couvrir et d'éviter une interpellation ; pour qu'il désigne pour le renseigner un homme, qui a rendu au pays des services incontestables, mais qui est le moins qualifié pour diriger au Congo une enquête impartiale ; pour qu'il lui donne comme collaborateur, sous l'empire de préoccupations politiques absolument étrangères aux intérêts qu'il doit défendre, le professeur Challaye, nouveau venu aux affaires coloniales, mais le protégé de Jaurès et le disciple militant du professeur Hervé.

Par ses faiblesses et ses compromissions, le Ministre laisse battre en brèche par deux déséquilibrés, placés sous ses ordres, l'œuvre presque achevée par des hommes qui sont à la peine depuis vingt-cinq ans. Il laisse planer le soupçon sur tous ceux qui travaillent en Afrique française, loyalement, avec leur sang et leur argent, pour la cause de la plus grande France ; il laisse se répandre dans la masse, que les chefs du parti colonial ont eu tant de peine à rallier à l'idée coloniale, un profond découragement, un sentiment de malaise et d'inquiétude que rien ne justifie. Les Français se demandent s'il est exact, comme le prétendent l'inspecteur Hoarcau-Desruisseaux et son élève le professeur Challaye, qu'il n'existe plus en Afrique française que deux partis : les conquérants, hommes blancs, voleurs, pillards, bourreaux et tortionnaires ; les vaincus, hommes noirs, victimes passives et résignées de toutes les atrocités.

Il est vraiment révoltant que pareille légende puisse s'accréditer en France, sous le couvert d'un Ministre des Colonies pusillanime, alors qu'elle est en contradiction flagrante avec la matérialité des faits. Si le professeur Challaye, qui compte quatre mois de services coloniaux, avait passé vingt-cinq ans en Afrique, il saurait par expérience que sur tout le continent noir, de Dakar à Libreville, de Tombouctou au Tchad, le nom Français est synonyme de loyauté et de justice : que, du Dahomey au Soudan, les noirs, que nous avons délivrés de l'esclavage, respectent notre drapeau comme un symbole, jamais trompeur, de protection et de liberté.

Nos rivaux coloniaux, Anglais et Allemands, reconnaissent volontiers que notre système de colonisation est basé sur des théories humanitaires, des idées de justice et de civilistaion, qu'ils jugent profondément ridicules et inutiles à des gens pratiques et positifs, aux véritables struggleforlifers. Mais notre réputation de profonde honnêteté les gêne souvent ; ils ne perdent aucune occasion de la détruire et pour eux les accusations calomnieuses des Hoareau-Desruisseaux et des Challaye ont déjà la valeur de véritables axiomes qu'ils vont exploiter contre nous.

Si M. le Ministre des Colonies en doute, je lui mets sous les yeux l'information suivante publiée par un journal colonial des plus répandus et des plus dévoués à sa cause :

Berlin, le 28 septembre,

« Le « Tægliche Rundschau » demande si, *après les « révélations* de la mission Brazza, il n'est pas du de-« voir des puissances signataires de l'Acte du Congo

« d'examiner le droit de la France à conserver la « préemption au Congo belge. »

Nous voilà donc, en moins de quinze jours, ravalés au rang des Belges colonisateurs ; la besogne anti-française est rapidement et bien menée. Les résultats déjà obtenus font le plus grand honneur à la raison sociale : Challaye, Hoareau-Desruisseaux and Co, limited.

Les deux accusateurs publics qui prennent à tâche de détruire le bon renom français, dans le seul but d'assouvir leurs rancunes personnelles ou leur soif de popularité, convergent vers le même but, mais par des voies différentes.

Hoareau-Desruisseaux attaque l'administration du Congo dont le chef, le commissaire général Gentil, est un vulgaire assassin, passible de la Cour criminelle de Libreville ; si le Ministre hésite, l'honnête inspecteur dénoncera lui-même, de par la loi, le coupable au Procureur général.

Challaye se réserve les colons et les négociants ; il promet de démontrer *un jour* que *tous* les soulèvements d'indigènes ont été provoqués par les monstrueux excès commis par les agents de factorerie.

Voilà toute une série de menaces qui me paraissent fort imprudentes et grosses de conséquences fâcheuses pour ceux qui les ont articulées ; le professeur pacifique a déjà eu maille à partir avec M. William Guynet, délégué élu du Congo ; l'inspecteur général ne perd rien pour attendre. Il convient pour l'instant de laisser les deux compères fouiller au fond de leur sac pour en retirer quelque nouvelle accusation, et de rechercher les causes de la crise africaine que nous allons nécessairement traverser.

Les Ministres des Colonies, qui se sont depuis quelques années succédé au pouvoir, qu'ils s'appellent Decrais, Gaston Doumergue ou Clémentel, n'ont jamais voulu faire acte d'énergie et assumer devant le Parlement la responsabilité d'une déclaration nécessaire, que je résume sous la force concrète que voici :

Sur de nombreux points du continent noir, au Congo, comme en Afrique occidentale française, le pays est en guerre, soit en état d'hostilités ouvertes, soit en état de rébellion latente ; mes fonctionnaires doivent avoir les pouvoirs nécessaires pour prendre, en face de situations critiques, les mesures qu'imposent les circonstances.

Les dépenses engagées dépassent les ressources normales du pays. Pour combler le déficit, le Ministre a le choix entre deux solutions :

Ou bien demander l'appui financier à la France, ou bien laisser les Gouverneurs, que l'on peut toujours désavouer en temps utile, frapper de taxes arbitraires les colons et les négociants français, et faire rendre ensuite à l'impôt indigène le complément nécessaire. Il appartient au Parlement d'apprécier.

Je sais fort bien qu'à tenir ce langage hardi mais honnête, le Ministre eût risqué son portefeuille ; je sais aussi que mes affirmations vont soulever de nombreuses protestations intéressées ; que certains fonctionnaires du Pavillon de Flore qui prennent volontiers, et j'estime avec raison, la plume du publiciste et la manient avec talent, vont essayer en me noyant sous le flot des documents officiels, de me prouver que je suis un oiseau de mauvais augure.

Je leur réponds d'avance en citant des faits de date récente.

Au Congo, les révoltes sont incessantes ; M. Challaye le constate, mais en essayant d'en rejetèr toute la responsabilité sur les concessionnaires bandits et pillards.

Au Dahomey, à Sakété, les noirs assiègent la maison de l'administration : ils tuent, coupent en morceaux un commis des douanes et blessent à mort l'administrateur Caït.

A la Côte d'Ivoire, le Baoulé est pendant trois ans à feu et à sang ; sur la lagune, l'administrateur Lamblin est blessé dans un guet-apens, où il laisse douze de ses hommes. L'hôtel du gouverneur, à Bingerville, est sérieusement menacé par les rebelles ; le chef-lieu de la colonie n'est dégagé qu'après un violent combat soutenu par le capitaine Debieuvre avec l'appui de la flotille locale. Au Nord, une colonne de guerre est dirigée contre les Agbas.

A la Guinée, un lieutenant d'infanterie coloniale tombe dans une embuscade et est égorgé avec toute sa troupe ;

A Tombouctou, un violent combat est soutenu par les troupes françaises contre de nombreux groupes de dissidents qui ont pris l'offensive ;

En Mauritanie, où le gouverneur général annonce *urbi et orbi*, qu'il ne s'agit que d'une pénétration pacifique, le capitaine Chauveaux sauve la mission française en s'engageant à fond avec ses spahis, dont il laisse la moitié sur le terrain. Quinze cents goumiers, amenés à grand frais d'Algérie pour continuer l'œuvre pacifique, fondent en quelques semaines. Le secrétaire général Coppolani tombe assassiné.

Les clients noirs du professeur Challaye et de l'inspecteur Hoareau-Desruisseaux ne sont pas précisément des moutons qui se laissent docilement conduire aux abattoirs organisés par le commissaire général Gentil et ses subordonnés.

L'inspecteur général, après de nombreuses conversations avec les vieilles commères indigènes du Chari et de l'Oubanghi, pour le moins aussi bavardes que nos pipelettes parisiennes, a réussi à former une liste accablante de cinq ou six noirs assassinés par les blancs, fusillés ou succombant en prison sous le bâton des bourreaux ; en tête figure le brave Mapoko, torturé par Gentil et qui se porte à merveille, villégiaturiant, plus heureux que nombre de bourgeois français, à En ghien-les-Bains, dans la villa de son maître, M. Carrieu, le sympathique trésorier payeur du Congo français.

A ce « *Roman chez la portière indigène* », sorti du cerveau échauffé de l'inspecteur général, je pourrais opposer un long martyrologe de soldats et de colons français, assassinés par les indigènes, le plus souvent parce que ces malheureux avaient eu trop confiance en la loyauté de leurs frères noirs. Ce serait peine inutile ; car il ne s'agit en somme que de quelques centaines de français, victimes anonymes, ayant fait leur devoir simplement et sans aucun souci de la réclame et par ce fait seul, tenues en piètre estime par les intellectuels utilitaristes dont le professeur Challaye est un curieux échantillon.

Dans la liste des faits de guerre que je viens de citer, je n'ai signalé que les événements récents les plus graves, qu'il a été impossible au Ministre des Colonies, de dissimuler complètement ; j'ai forcément passé sous silence les incidents de moindre importance, qui ont cependant nécessité une répression immédiate à main armée. Dans tous ces cas, le Ministre des Colonies a toujours essayé de donner le change à l'opinion publique et il a employé pour y réussir des moyens parfois enfantins. Ainsi par exemple, le bataillon de tirailleurs sénégalais engagé au Baoulé, a perdu dans une seule campagne, *par le feu de l'ennemi*, 65 p. % de son effectif, chiffre officiel. Les officiers, qui ont conduit la troupe dans des circonstances aussi dures, avaient droit à des récompenses largement méritées, à des citations à l'ordre de l'armée d'Afrique. Le Ministre des Colonies les a accordées en rechignant, mais seulement après avoir obtenu du Ministre de la Guerre, en violation des règlements, que les mentions seraient inscrites sur les états de services, de l'officier, mais ne figureraient pas, au *Journal officiel de la République française.*

Les pacifistes à outrance, avertis par ces citations, pouvaient s'alarmer, le professeur Hervé protester au nom de l'humanité, et le citoyen Jaurès inquiéter le Ministre à la Tribune de la Chambre. Sous l'empire de cette crainte, le Ministre des Colonies consentait à récompenser les officiers méritants, mais en se cachant, de la façon que le Préfet de police doit employer pour payer des services assurément utiles, mais inavouables.

Au Congo comme en Afrique occidentale française, les soldats de carrière n'ont pas le monopole exclusif des opérations de guerre. Comme dans tous les pays récemment conquis, où il est nécessaire de faire flèche de tout bois, les administrateurs civils, gens d'origine essentiellement pacifique, ne sont en réalité que des chefs militaires commandant aux miliciens, aux gardes régionaux, qui sous des noms différents constituent une troupe armée toujours prête à faire le coup de feu.

L'administrateur et ses troupes marchent quelquefois isolément ; quand les circonstances l'exigent, ils renforcent les troupes régulières. L'administrateur Toqué est rentré en France, en mai 1904, pour se remettre d'une grave blessure reçue en combattant une tribu rebelle. Son supérieur militaire, le capitaine Mangin, aujourd'hui membre de la mission de Brazza, l'a cité à l'ordre du jour pour sa belle conduite devant l'ennemi.

Mais le Ministre des Colonies feint d'ignorer les détails de cette organisation. Il laisse, administrateurs et officiers, avec des effectifs toujours insuffisants, en face des plus grosses difficultés. « Débrouillez-vous, ordonne le Ministre, mais surtout pas d'histoires ! » ; il déclare ensuite à la Tribune, aux applaudissements de la Chambre convaincue par ses affirmations, que l'ère des difficultés est définitivement close en Afrique française et que l'ordre règne sur le continent noir.

De cette singulière façon de gouverner, il résulte que le *bluff* à jet continu est devenu la loi fondamentale de l'administration coloniale à tous les degrés de la hiérarchie. L'Administrateur est obligé, sous peine de briser sa carrière, de déguiser la vérité à son chef direct, le lieutenant-gouverneur ; le lieutenant-gouverneur ruse avec le Gouverneur général ; le Gouverneur général n'est pas plus franc avec le Ministre, et le Ministre roule le Parlement.

Je renvoie ceux qui me taxeraient d'exagération à la lettre, pièce officielle versée aux débats, qu'adressait a Toqué le Commandant du Fort-Sibut, son supérieur hiérarchique.

L'Administrateur Toqué rendait compte à son chef qu'il avait fait fusiller le garde régional Pikamandji, déserteur, qui avait gagné son village pour le pousser à la révolte.

Le Commandant répond :

« Je ne vous écris pas officiellement au sujet du « nommé Pikamandji ; il vaut mieux laisser cela tran« quille. Je détruis d'ailleurs votre lettre et je n'en ai « parlé à personne ; à l'avenir, agissez ainsi, c'est bien « préférable. Ce n'est pas que je vous blâme, loin de « là ; vous avez *très bien fait.* Mais encore une fois, « il vaut mieux ne pas ébruiter ces choses-là. Compre« nez-vous ? »

Le Ministre, informé, a-t-il désavoué le Commandant de Fort-Sibut ? Non, et il ne le pouvait pas ; car le Commandant de cercle a agi couvert, sinon par des ordres formels, tout au moins par des instructions tacites parfaitement connues de tous, du simple subordonné au chef suprême.

Par suite, quand Brazza accuse « l'administration toute personnelle de Gentil qui a *érigé l'équivoque à la hauteur d'une institution et d'un système de gouvernement* », il se trompe d'adresse ; l'accusation qu'il porte retombe tout entière sur la tête du Ministre des Colonies.

L'équivoque signalée par Brazza est une des causes dominantes de la crise ; l'équivoque n'est jamais profitable, elle devient excessivement dangereuse, quand elle est entretenue par un Ministre dans le seul but d'esquiver les responsabilités.

Toqué fait fusiller un soldat déserteur qui propage la révolte ; c'est son devoir strict, qu'il doit accomplir sans défaillance pour éviter que le soulèvement ne prenne de plus grandes proportions. Toqué rend compte de l'exécution du coupable à son chef direct ; celui-ci approuve, tout en faisant remarquer à son subordonné que, suivant les règles administratives en usage, il vaut mieux ne jamais rendre *compte officiellement* de faits de cette nature.

Saisi par une dénonciation, le Procureur général estime que Toqué a commis un crime de droit commun et il le poursuit. La Cour criminelle donne raison à l'Administrateur et l'acquitte sur ce chef d'accusation.

M. le Ministre des colonies comprend-t-il qu'il est seul responsable de tout ce gâchis résultant de l'équivoque qu'il *laisse subsister ?* Ne vaudrait-il pas mieux que le Ministre expose franchement au Parlement la situation exceptionnelle, mais réelle, des vastes territoires africains qu'il administre ; qu'il obtienne par ses subordonnés, administrateur ou officiers, les droits nécessaires et reconnus par la loi à tout chef de troupe opérant devant l'ennemi ; qu'en revanche il exige de tous, non plus la dissimulation officielle, actuellement recommandée, mais la loyauté la plus franche dans les explications réglementaires qu'ils doivent fournir.

Il est vraiment nécessaire qu'un officier ou un administrateur colonial, faisant strictement son devoir, l'exécutant dans des conditions difficiles qui peuvent, pour le salut commun, entraîner la mort d'un homme, ne puisse plus être confondu avec un des brigands de l'Abir ou de la Mongolla, coupeurs de grande route, tuant pour voler.

M. de Brazza, malade et affaibli, oubliant les exécutions sommaires qu'il a lui-même ordonnées au début de la conquête, a fait cette regrettable confusion. En attaquant Gentil, l'inspecteur Hoareau-Desruisseaux l'accentue en pleine connaissance de cause. Il faut que le Ministre protège contre de pareilles aberrations le personnel colonial qu'un membre de la mission de Brazza montre plein d'entrain, animé d'un dévouement, d'un désintéressement dignes de tout éloge.

L'urgence s'impose ; car déjà en Guinée française, un administrateur colonial, vient d'être arrêté.

M. Clémentel ne peut plus s'en tirer avec des phrases aussi sonores que vides. On exigera de lui des actes ; il a promis à un rédacteur du « Matin » d'être sévère aux défaillances et hardi aux réformes. En voici une et des plus importantes que je lui signale et dont la réalisation exigera toute l'énergie dont il se sent capable.

Les dépenses engagées en Afrique française, un peu à la légère et à l'insu du Parlement, dépassent de beaucoup les recettes normales que peuvent actuellement procurer ces pays, appelés assurément à un grand développement, mais qui s'ouvrent à peine au commerce et à l'industrie.

Cette vérité n'est plus sérieusement contestée ; elle s'affirmera avec évidence dans la discussion élargie qui s'établira à la Tribune de la Chambre quand à date très prochaine, le Gouverneur général de l'Afrique occidentale française demandera à réaliser par voie d'emprunt les cent millions qui lui font actuellement défaut.

Il faut cependant de l'argent, beaucoup d'argent dont une bonne partie est gaspillée en pure perte. Le Parlement, qui boucle avec peine le budget métropolitain, ne veut rien donner ; il en résulte que des colonies africaines sont acculées aux emprunts. Pour les gager, il est nécessaire que les *caisses de réserve* soient pleines, pour quelque temps tout au moins, de façon à donner confiance aux capitalistes, toujours fort peu désireux de s'aventurer dans les affaires coloniales, surtout lorsqu'il s'agit de l'Afrique française.

Ces caisses de réserve sont alimentées par les taxes

de toute nature payées par les colons et les négociants français, et par *l'impôt indigène de capitation.*

Les taxes payées par les commerçants ont plus que doublé en quelques années. La décision récente qui établit un droit de sept pour cent sur le caoutchouc exporté, dépasse la mesure ; de ce côté, les Gouverneurs ont atteint l'extrême limite de tension, qu'ils ne sauraient dépasser sans crainte de rupture.

Ils n'ont donc plus, pour combler le déficit, que l'impôt indigène et comme de ce côté la matière imposable n'est pas exactement déterminée, qu'il n'existe aucun contrôle effectif, que les dépenses augmentent tous les jours, des exagérations inévitables se produisent peu à peu, fatalement, sous la nécessité de besoins sans cesse grandissants.

Sur le littoral, là où le numéraire est en circulation, les indigènes acquittent l'impôt en argent, à tant par tête, suivant des tarifs fixés par le Gouverneur seul responsable vis-à-vis du Ministre. Des rôles d'impôt sont établis vaille que vaille et l'opération s'effectue à peu près régulièrement.

Mais dans l'intérieur, c'est-à-dire sur la plus grande étendue du territoire, là où les monnaies d'or, d'argent, ou de billon sont absolument inconnues, où la loi du trafic est l'échange, l'indigène paie *l'impôt en nature.*

Cela revient à dire qu'on lui prend une partie de sa récolte, maïs, mil ou ignames ; une fraction des produits commerciaux dont il dispose, poudre d'or, ivoire et caoutchouc ; et ce qui est plus grave, une partie des troupeaux constituant la seule richesse tangible du noir, la plus facilement saisissable.

Il n'existe pas de tableaux de recensement, de l'aveu même de l'administration : la quotité de l'impôt à payer par chaque cercle est établie *en bloc*, à vue de nez, sur la base de renseignements généraux plus ou moins exacts. *C'est un impôt collectif.*

Les marchandises et les troupeaux, pris aux indigènes, sont centralisés au chef-lieu du cercle et ensuite vendus de gré à gré ou aux enchères. Les sommes obtenues par ces ventes sont versées dans la caisse de la Colonie et leur total forme ce que les statistiques officielles appellent : *produit de l'impôt indigène.*

Il n'est pas besoin d'insister sur les pertes, les déchets, le coulage, qu'entraîne pareil système : pour dix francs en argent qui rentrent dans les caisses de la colonie, cinquante francs en moyenne ont été prélevés *en nature* sur les indigènes.

Donc, quand un gouverneur expose actuellement la situation financière de sa colonie, il donne, sur l'ordre du ministre qui doit savoir à quoi s'en tenir, un renseignement volontairement inexact, en affirmant par exemple, que la population noire, qu'il administre, ne paie qu'un modeste impôt de 4 francs par tête.

Le Gouverneur obtient ce quotient en divisant les sommes rentrées dans la caisse de sa colonie par le nombre total d'indigènes supposés portés sur les rôles d'impôt. Les deux éléments du calcul sont faux ; les rôles sont établis par approximation et les sommes encaissées ne représentent qu'une fraction des sommes réellement prélevées sur les indigènes, fraction variable suivant le soin, l'intelligence et il faut écrire le mot, suivant l'honnêteté de l'agent chargé de la perception.

La vérité est que depuis quelques années, l'assiette de l'impôt indigène est simplement fixée suivant le total des dépenses à couvrir. Le Gouverneur a besoin pour boucler son budget de cinq millions, par exemple. Les cercles indigènes s'imposeront de cinq millions. La règle est simple et à la portée de toutes les intelligences.

L'administrateur, chef de cercle, est seul responsable, en pratique, des moyens employés pour assurer la rentrée de l'impôt. On ne lui tient compte que des sommes réalisées et il est noté en conséquence par son chef direct, le Gouverneur. Si à la fin de l'année, la somme fixée est rentrée en caisse, l'administrateur est tenu pour un fonctionnaire dévoué et énergique ; s'il n'a pas réuni le quantum demandé, il est coté comme un chef maladroit, mou, dénué de tout esprit de décision.

Il en résulte qu'actuellement un administrateur intelligent, dévoué, exécutant sans discuter, comme il convient, les ordres de ses chefs, est incité, s'il est soucieux de son avenir, à faire financièrement mieux que son prédécesseur : « Sous le commandement précé-« dent, mon cercle valait cinquante mille francs ; avec « moi, il en rapportera soixante-dix mille », raisonne l'administrateur. Et il agit en conséquence ; car, comme pour les exécutions sommaires, il ne doit pas rendre compte officiellement des moyens employés pour arriver à ses fins : le total de l'addition a seul une valeur auprès de ses chefs.

A ce régime l'indigène est ruiné. Je connais un village où cinq bœufs ont été saisis pour acquit d'une taxe collective de quatre vingts francs. Si ce système continue encore quelque temps, les caisses de réserve seront pleines, déborderont, mais le pays sera en insurrection.

Si M. le ministre des Colonies en doute, s'il n'est pas à l'heure présente trop dégoûté des commissions d'enquête, qu'il envoie de nouveaux inspecteurs en commençant par les régions où l'élevage est la seule industrie des indigènes, dans le Haut-Dahomey ou au Fouta-Djallon par exemple.

L'impôt indigène, tel que l'administration le conçoit, est donc excessivement dangereux pour l'avenir du pays noir ; le rapport de Brazza en signale les abus et les conséquences désastreuses qu'il pouvait entraîner pour notre bon renom de colonisateurs civilisés.

Mais il serait profondément injuste de faire remonter la responsabilité de ce système à Gentil, alors qu'elle appartient en entier au ministre des Colonies, et par cette expression, je n'entends pas désigner plus particulièrement M. Clémentel ou M. Doumergue, mais le chef responsable de l'administration centrale des Colonies.

Comme je n'avance aucun fait dont je ne puisse immédiatement administrer la preuve, je reprends un des griefs formulés contre le commissaire général. Gentil a signé une circulaire adressée à ses administrateurs et dont voici le paragraphe incriminé :

« J'ai l'honneur de vous faire connaître que j'attache le plus grand prix à ce que vous vous efforciez d'augmenter le chiffre de l'impôt indigène, de telle sorte qu'il s'identifie autant que possible avec celui des prévisions établies chaque année. Je ne vous cacherai pas que je me baserai pour vous noter, surtout sur les résultats que vous aurez obtenus au point de vue de la perception de l'impôt indigène, qui doit être pour vous l'objet d'une constante préoccupation ».

Gentil n'agit pas dans l'ombre ; comme les ordres qu'il donne à ses administrateurs sont la traduction exacte des instructions ministérielles, il fait insérer *in extenso* sa circulaire au *Journal Officiel du Congo*, recueil d'actes administratifs que le Ministre ou tout au moins ses chefs de service doivent lire attentivement. Gentil ne dissimule pas d'ailleurs tous les dangers du système financier qu'il a l'ordre d'employer ; il les dénonce dans des rapports particuliers adressés au ministre des Colonies. Le ministre se tait ; donc il approuve les errements financiers mis en pratique, et logiquement il doit rester le seul responsable devant l'opinion publique.

On comprend maintenant pourquoi l'administration centrale du Pavillon de Flore se sentait directement touchée par les rapports de la mission Brazza. Le grand explorateur avait l'âme assez haute pour faire énergiquement la part des responsabilités ; mais dès qu'il a été couché dans son cercueil, les bureaucrates n'ont pas hésité, probablement à l'insu de M. Clémentel, à tenter une diversion nécessaire à leur cause, à provoquer les indiscrétions haineuses de l'inspecteur Hoareau-Desruisseaux, pour rejeter sur Gentil toutes les responsabilités, le discréditer devant l'opinion publique, en lui présentant d'abord cet homme, terrassé par la fièvre et incapable de se défendre, comme un vulgaire assassin, un bourreau et un tortionnaire.

Le principe de l'impôt indigène est juste en lui-même ; nul ne pourrait soutenir que les populations noires ne doivent pas participer dans la mesure du possible aux dépenses faites par la France pour améliorer les voies de communication, assurer l'ordre et la tranquillité, les protéger contre les marchands d'esclaves, qui ne tarderaient pas à relever la tête et à reprendre leur meurtrier trafic, si les soldats français ne faisaient bonne garde.

Les fondateurs de notre empire africain, les premiers gouverneurs, qui ont créé de toutes pièces nos jeunes colonies de la Côte occidentale, l'avaient ainsi compris et ils avaient les premiers posé le principe de cet impôt, mais en recommandant la plus grande prudence, les plus grands ménagements dans son application. Ils ne voulaient point que les noirs, que nous venions d'émanciper, puissent jamais confondre l'impôt payé aux Français avec les dîmes que les anciens chefs du pays, Béhanzin, Rabah ou Samory prélevaient sur eux à main armée, par la force et la violence.

Mais ceux, qui les ont remplacé au pouvoir, ont eu une toute autre conception des affaires africaines. Ils ont voulu, en pays neuf, faire grand et rapide, tailler à l'américaine. Ils ont, sans compter, dépensé des millions, engagé des dépenses folles ; et pris à leur propre piège, acculés aux échéances inévitables, ils ont voulu demander à l'impôt indigène plus qu'il ne pouvait donner.

Aux vieux Africains, aux pionniers de la première heure, à de Brazza lui-même, les nouveaux venus apposaient de vagues conceptions philosophiques : l'Afrique française, disaient-ils, accomplit une rapide évolution, dont les anciens ne peuvent se rendre compte. Il saute, aujourd'hui, aux yeux que le terme fatal et rapproché de cette prétendue évolution, que les jeunes docteurs ès-sciences coloniales avaient découverte et se promettaient de diriger, aboutit entre leurs mains à la ruine et à la révolte.

***

L'administrateur colonial est tantôt soldat improvisé, chef responsable de l'ordre et de la sécurité sur un territoire à peu près inconnu, grand comme une province de France, habité par des populations dans la plupart des cas à demi-sauvages ; tantôt il est chargé de recouvrer l'impôt dans les conditions difficiles que nous venons de déterminer. Mais ce sont là les moindres soucis de sa charge ; il faut, en outre qu'il assure, à travers son territoire, la marche des convois administratifs : vivres, matériel et munitions ; qu'il assure *le portage*.

Jamais question coloniale n'a été plus discutée, plus volontairement embrouillée par la seule raison qu'elle se prête aux dissertations faciles, aux thèses sentimentales chères aux coloniaux en chambre, qui ne connaissent de la vie en Afrique que les scènes qu'ils ont observées dans les exhibitions périodiquement organisées par le Jardin d'acclimatation.

Dans les pays, où n'existent ni bêtes de trait, ni bêtes de somme, tous les transports se font nécessairement à tête d'homme ; dans tous les villages indigènes, hommes libres ou captifs, femmes libres ou captives, sont dès leur bas âge dressés au portage par les nécessités même de la vie. On rencontre tous les jours, venant de la fontaine, des champs ou de la forêt, des gamins et des fillettes portant allègrement sur la tête des fardeaux pesant sûrement plus que le poids de leur propre corps.

Le porteur indigène adulte, employé par un Français, colon ou négociant, fait en moyenne vingt kilomètres par jour, portant une charge de vingt-cinq kilogs. Il touche des vivres en quantité suffisante, du tabac, et une solde journalière de un franc. La route faite en quatre ou cinq heures, le porteur noir trouve au gîte d'étape un abri, de l'eau. Il fait sa cuisine, mange sa ration, palabre avec les camarades pendant une heure ou deux en fumant de nombreuses pipes et s'endort ensuite jusqu'au lendemain.

Un soldat français en campagne, et c'est la vie courante aux colonies, porte vingt-cinq kilogs, fait des étapes plus longues, touche un sou par jour, une maigre ration. Quand il arrive à l'étape, il est assujetti à des corvées variées, bien heureux si le sergent de semaine ne l'envoie pas finir sa nuit à la garde du camp.

J'ai fait ce métier de troupier et j'ai porté mon sac sous le soleil brûlant de l'Afrique, gaiement comme tout bon Français. Plus tard, j'ai commandé et fait marcher de nombreux convois de porteurs indigènes.

J'affirme que le porteur noir, quand il est au service d'une maison de commerce ou d'une entreprise privée, est dix fois mieux traité que le soldat français en campagne.

On remarquera que je ne parle que du *porteur libre*, du porteur employé par un colon ou par un négociant Il tombe, en effet, sous le sens que le commerçant, réduit à ses propres ressources, à grand intérêt, toute question d'humanité mise à part, à traiter de son mieux les porteurs à sa solde, à les soigner, à les nourrir et à les payer convenablement pour les retenir à son service ; de la même façon qu'un gros entrepreneur de charrois, employant de nombreuses bêtes de trait, veille lui-même et de fort près à la nourriture et à l'entretien de sa cavalerie.

Mais l'administration agit par *voie de réquisition ;* armée de tous les pouvoirs, elle contraint les noirs au portage et les maintient dans le rang *manu militari*. L'administrateur ne peut entrer dans les détails ; il ne voit que le but à atteindre, coûte que coûte, et si des porteurs tombent épuisés sur le chemin, peu importe ; les réquisitions du lendemain combleront les vides.

L'administrateur ne peut soigner ses hommes et les nourrir convenablement. On lui refuse l'argent indispensable ; de même qu'on l'oblige à faire rentrer l'impôt *per fas et nefas*, on lui défend des dépenses jugées inutiles.

Gentil a voulu rompre avec la tradition. Il a essayé

de remplacer le *portage forcé*, obtenu par réquisition, par le *portage libre*, résultant d'un contrat librement consenti. Il n'a pas réussi complètement, parce qu'on lui a refusé les crédits nécessaires. Ses accusateurs officiels lui en font un crime, oubliant que le commissaire général a le mérite d'un effort courageux, alors que ses collègues des colonies voisines, redoutant par-dessus tout les histoires, ont respecté *le statu quo*, en imitant de l'autruche la tactique prudente.

***

Les docteurs ès-sciences coloniales, précurseurs du jeune Challaye, qui prétendent régenter de haut les affaires d'outre-mer, affirment que pour supprimer le portage, il suffit des chemins de fer de pénétration. J'avoue n'avoir jamais entendu dans ma vie soutenir un paradoxe aussi caractérisé.

Les chemins de fer de pénétration dont la construction absorbe actuellement les millions qu'il faut faire suer à l'impôt indigène sont, au dire des rapports officiels, l'outil indispensable pour *mettre le pays en valeur* et du même coup supprimer le portage.

Voyons par un simple exemple ce que vaut cette affirmation.

L'administration fait construire à grands frais une voie ferrée du point A au point B sur une longueur de deux cents kilomètres, par exemple. Elle estime que le rayon d'action de la voie qu'elle construit s'étend à 80 kilomètres à droite et à gauche de l'axe de la ligne ferrée ; elle place une station tous les vingt kilomètres, soit dix points ouverts au trafic probable sur quatre-vingts kilomètres à droite, quatre-vingts kilomètres à gauche, au total cent soixante kilomètres. Sur toutes ces directions, considérées comme de véritables affluents commerciaux de la voie ferrée centrale, doivent s'organiser de nombreux envois de porteurs, sinon le chemin de fer sera au point de vue économique complètement inutile.

En fait, si le pays est mis en valeur, l'administration a supprimé le portage de A en B, c'est-à-dire sur *deux cents kilomètres ;* mais elle le provoque et le rend inévitable sur dix fois cent soixante kilomètres, soit sur *mille six cent kilomètres.*

Pour si habiles que soient les déclarations officielles, elles ne peuvent prévaloir contre ce simple raisonnement.

Le portage à tête d'homme sera donc pour de longues années encore, peut-être pour des siècles, l'auxiliaire indispensable de la voie ferrée. Plus le réseau des chemins de fer se développera, plus avancera la mise en exploitation du pays, plus nombreux seront les convois de porteurs. Ceux qui nient cette nécessité économique ne connaissent pas la question, ou se moquent de ceux qui les écoutent.

Est-ce à dire que l'on ne doive pas construire de chemin de fer en Afrique française ? Assurément non :

mais il faut que l'utilité de la voie soit nettement démontrée et que les dépenses de construction n'aient pas de répercussion fâcheuse sur l'impôt indigène.

Est-ce à dire que nous tournons alors dans un cercle vicieux et que, les chemins de fer étant construits, on n'aura pas les porteurs nécessaires pour alimenter leur trafic ? Encore une fois, non ; mais à la condition expresse que l'administration renonce aux *corvées réquisitionnées.*

Les porteurs se présenteront toujours en nombre suffisant si on les nourrit, si on les paye, si on ne les éloigne pas trop de leur village. Dans presque tous les cas, l'initiative privée à su résoudre ce problème, qui affole acutellement l'administration : à l'appui de cette affirmation, je citerai un exemple frappant.

L'administration doit assurer le transport, du littoral aux postes de l'intérieur, de quelques centaines de tonnes de vivres et de matériel valant de *quatre à cinq millions.* Le commerce de l'Afrique française atteint *cinq cents millions ;* et les tonnes de produits exportés ou de marchandises importées ont à supporter de longs transports à tête d'homme. Colons et négociants assurent ce service sans aucun appui des autorités coloniales ; dans beaucoup de cas, malgré le mauvais vouloir des mêmes autorités.

Or, pour transporter ses quelques centaines de tonnes, l'administration dévaste des régions entières et les sentiers de ravitaillement, suivis par ses convois, sont jalonnés, au dire de l'inspecteur Hoarcan-Desruisseaux, par de longues traînées de cadavres noirs. L'initiative privée assure des transports cent fois plus considérables ; a-t-on jamais prouvé qu'une porteur noir, au service d'un colon ou d'un négociant, soit mort sur la route, de fatigues et de privations, abandonné sans soins pendant sa douloureuse agonie ?

La preuve me paraît faite, la démonstration pratique par les faits valant toujours mieux que la meilleure dissertation philosophique.

Je viens d'indiquer, sans trop y insister, les multiples devoirs qui incombent à l'administrateur colonial et qu'il doit exercer dans des conditions particulièrement difficiles, supportant sous un climat débilitant, de grosses privations, isolé, ne pouvant consulter ses chefs aux heures critiques, et obligé de prendre résolument, sous sa propre responsabilité, des décisions les plus graves, sachant dans son for intérieur que, s'il échoue, il sera désavoué par ses chefs, abandonné par l'autorité supérieure.

Il semble qu'il faudrait pour remplir ces délicates et dangereuses fonctions, des hommes remarquablement trempés au physique et au moral, ayant déjà acquis une longue expérience des hommes et des choses de l'Afrique ; que l'administration devrait assurer à ces hommes, d'âge mur et de sens rassis, une situation financière enviable, juste rémunération, de leurs peines, de leurs souffrances, de leur expérience chèrement acquise.

En pratique, les postes les plus importants sont généralement confiés à des jeunes gens, de vingt-quatre à vingt-cinq ans, sortant de l'Ecole coloniale et débutant sur la terre d'Afrique, animés des meilleures intentions, munis d'un bagage théorique suffisant, mais absolument dépourvus de l'expérience coloniale indispensable et souvent de la vigueur morale et physique nécessaire. Les inconvénients et les dangers de ce système sont aussi graves que ceux qui résulteraient de l'obligation de confier le commandement d'un régiment à un jeune sous-lieutenant tous frais émoulu de Saint-Cyr.

Par contre, la situation matérielle de ces fonctionnaires est tous les jours diminuée par application de mesures qui prennent le caractère de véritables vexations ; par nécessité budgétaire, les gouverneurs rognent, épluchent comme un vieil Harpagon discutant les comptes de sa cuisinière, et diminuent les indemnités les plus justement acquises, pour réaliser au bout de l'année quelques piteuses économies.

L'administration objecte qu'elle n'a pas d'argent et qu'elle n'a pas assez de fonctionnaires. Elle fait remarquer que les administrateurs d'expérience sont généralement fatigués par la dure vie qu'ils ont menée et qu'il convient de leur réserver les situations plus agréables à occuper sur le littoral. Elle est réduite à faire marcher les jeunes en première ligne et à leur confier les postes d'avant-garde les plus exposés et les plus difficiles. Elle ne voit qu'un remède à la situation : augmenter le nombre des fonctionnaires, alors que tous les coloniaux réclament des agents moins nombreux et mieux payés.

A la première objection tirée de l'insuffisance des ressources financières appliquées au traitement du personnel, les coloniaux répondent qu'en portant résolument la hâche dans le taillis touffu des sinécures qui ont été créées au chef-lieu de chaque gouvernement, qu'en élaguant, dans les nombreux états-majors que lieutenants-gouverneurs et gouverneurs généraux aiment à étaler autour d'eux, tous les emplois de parade, on réaliserait facilement les économies nécessaires pour payer comme il convient les fonctionnaires qui travaillent et qui sont à la peine.

La seconde objection, tirée de l'insuffisance numérique du personnel, ne porte que si on admet que l'administration coloniale est dans la bonne voie en prétendant réglementer tous les détails de la vie des indigènes, centraliser entre ses mains tous les rouages, faire directement la police intérieure, administrer en somme, comme un arrondissement de France,de vastes territoires privés de tous moyens de communication rapides, habités par des races différentes, ayant atteint des degrés de civilisation fort variables, dont elle ignore, dans la majeure partie des cas, les besoins, les tendances et les coutumes. Y-a-t-il, dira-t-on, possibilité d'administrer autrement ?

Les premiers gouverneurs de nos colonies africaines eurent d'abord à diriger la conquête effective, à défendre leurs acquisitions contre les convoitises anglaises et allemandes, et à assurer ensuite l'organisation politique et administrative de la colonie qu'ils avaient constituée. Ils se trouvaient en face de difficultés autrement graves que celles qui affolent actuellement l'administration centrale des colonies ; ils étaient au lendemain de la conquête, avaient à lutter contre l'opinion manifestement hostile aux entreprises colonaires et, l'impôt indigène n'étant pas établi, ils disposaient de ressources financières fort limitées.

En revanche, ils avaient à leur tête un homme énergique, devenu aujourd'hui le chef du parti colonial français, qui savait se dégager de toute mesquine préoccupation politique, assumer devant le Parlement la responsabilité qui lui incombait et couvrir de sa rude et franche loyauté les hommes qui luttaient au loin pour l'honneur du drapeau et l'expansion de l'influence française.

Chef et lieutenants résolurent le problème de magistrale façon, en organisant, en Afrique le *protectorat français*. Partout où l'organisation politique indigène, basée sur le respect d'un chef et les coutumes, existait même à l'état embryonnaire, ils fortifièrent l'autorité du chef noir et le chargèrent, sous leur contrôle et leur inspiration, d'assurer l'ordre et la tranquillité, de faire la police, de rendre la justice suivant les coutumes établies et respectées. Le roi noir appliquait sans heurt et sans secousse la loi indigène, tant qu'elle n'avait rien de contraire aux principes généraux de l'humanité ; le roi noir, qui devait tout à la France, était l'homme responsable vis-à-vis du Gouverneur et de ses lieutenants qui le tenaient en laisse, savaient imposer leur volonté et réprimer tous les écarts.

L'expérience prouve que ce système était le seul capable de produire des résultats pratiques et de permettre d'arriver progressivement à la civilisation complète du pays. Il n'exigeait qu'un nombre de fonctionnaires restreint et peu de dépenses, et il donnait d'excellents résultats au Dahomey et à la Guinée, quand un ministre des Colonies, l'honorable M. Decrais, s'avisa de le détruire en centralisant tous les pouvoirs aux mains de gouverneurs généraux et en introduisant de vive force chez les populations noires la *justice française*, avec tout son cortège suranné de lenteurs et de complications procédurières.

Dans un discours resté légendaire, et qui fit bondir

tous les Africains de France, le paisible M. Decrais annonçait que l'Afrique française était désormais entrée dans la *période de recueillement;* au soir d'un banquet, en mai 1901, il expliquait sa pensée en les termes suivants :

« La conquête matérielle est achevée, la conquête « économique se poursuit, vous l'avez vu, avec méthode et avec certitude. Mais il en est une autre qui « nous reste à réaliser et sans laquelle peut-être les « autres seraient vaines et précaires, c'est *la conquête* « *morale.* C'est cette dernière partie de notre tâche, « la plus noble et la plus digne de la France, qui « reste à réaliser. Nous n'y faillirons pas ! »

Pour réaliser la conquête morale, M. Decrais ne trouva qu'un seul moyen : créer sur tout le littoral de l'Atlantique, de Konakry à Libreville, des justices de paix, des tribunaux de première instance et des cours d'appel, dont l'organisation était calquée sans modification aucune, sur les organes similaires fonctionnant dans la métropole et qui, à en juger par les violentes attaques que notre système judiciaire subit en France même, ne réalisent pas l'idéal de la justice expéditive et à bon marché.

M. Decrais voulait-il défendre les noirs contre les procédés barbares de l'administration coloniale, dont certains chefs sont, aux yeux de l'inspecteur Hoareau-Desruisseaux, des bandits que guette la cour d'assises ;

espérait-il les protéger contre les vexations et les cruautés, qui, au dire du jeune Challaye, sont la monnaie courante des colons et des négociants de la côte d'Afrique ? Le ministre ne l'a jamais su exactement.

Il était cependant profondément attristant, quoique profondément comique, de constater que, pour nous attirer l'estime et la confiance de nos frères noirs, pour les conquérir moralement, M. Decrais ne trouvait rien de mieux que d'organiser contre eux la phalange des interprètes judiciaires, des huissiers, des greffiers, des juges d'instruction, des procureurs et des présidents, tous chats-fourrés qui, pris en bloc et toute révérence gardée, ont toujours été considérés en France, même au temps du bon Lafontaine, comme des voisins dangereux dont il faut soigneusement se garder.

Procureur et juge d'instruction, arrivant l'un du parquet de Pontoise et l'autre du tribunal de Carpentras, se rencontraient sur la terre d'Afrique, absolument ignorant des mœurs et des coutumes, de la mentalité moyenne des populations noires placées brusquement sous leur coupe, de l'organisation et de la valeur de la justice indigène. Ils arrivaient portant dans leur poche le code Napoléon et ses annexes et ils en appliquaient à tour de bras les articles, dans l'intérêt de l'humanité, aux malheureux noirs qui n'en pouvaient mais.

Les populations noires, arrivées à un certain degré de civilisation, ont des coutumes séculaires, rigoureusement maintenues par la tradition, qui à l'usage valent tout autant, sinon plus, que certaines de nos lois. Elles ont sur l'hérédité et les successions, le droit à la propriété, le travail en commun et le partage des bénéfices, des conceptions fort justes qui feraient pâmer d'aise nombre de nos socialistes, et beaucoup de nos collectivistes. De telle sorte, que neuf fois sur dix, quand les juges institués par M. Decrais, rendent une sentence, basée sur les articles de notre Code civil, les noirs considèrent le jugement, même longuement et fortement motivé, comme une injustice, un non-sens, le plus souvent comme une vexation et un abus de pouvoir.

***

Au criminel, les résultats du système sont encore plus mauvais. Se figure-t-on un juge, dont la résidence obligatoire est au chef-lieu de la colonie, au bord de la mer, dirigeant de son cabinet toutes les instructions criminelles ouvertes sur un territoire grand comme deux fois la France, au milieu de difficultés de toute nature.

L'administrateur n'est plus que l'auxiliaire passif de la justice ; il est privé de toute initiative, et le Procureur, chef du service judiciaire, lui envoie, sous forme de circulaires, des ordres le plus souvent en contradiction avec les instructions générales données par le gouverneur de la colonie. Dans bien des cas, l'administrateur hésitant sur la ligne de conduite à suivre, ferme les yeux et laisse aller, pour ne s'attirer aucun ennui, alors même qu'il s'agit d'un crime, que le coupable a été pris en flagrant délit, qu'un exemple immédiat est nécessaire.

Même dans ce cas, l'administrateur doit ouvrir une enquête judiciaire, envoyer le coupable au chef-lieu et lui faire accomplir un voyage de plusieurs mois, le faire suivre d'un volumineux dossier établi suivant les prescriptions du code de procédure criminelle, et *retenir en prison les témoins* qui sans cette précaution, lui échapperaient, prendraient la brousse et qu'il ne reverrait jamais.

Or, le noir, s'il se révolte naturellement contre tout acte d'inutile cruauté ou de simple injustice, ne comprend que la répression rapide, immédiate, suivant la coutume de son pays. Quand le crime est patent, il lui faut la punition exemplaire, subie au grand jour, avec tout l'apparat usité chez nous en place de Grève, il y a à peine quelque cinquantaine d'années. Puisqu'il faut malheureusement faire des exemples, cela ne vaut-il pas mieux que le système du peloton d'exécution appliqué au Dahomey, que ces fusillades organisées au champ de tir de Bécon, à l'aube naissante, presque nuitamment et comme en se cachant.

Les noirs considèrent ces exécutions comme de véritables, assassinats, comme des preuves indéniables de faiblesse : les hommes blancs, disent-ils, n'ont plus ni le courage, ni la force de punir un coupable.

Le remède, dira-t-on ? Il est simple et consiste à revenir à la première méthode, à la justice indigène, appliquée tant au civil qu'au criminel, par les chefs noirs sous la surveillance de l'autorité française. Ce système n'est pas parfait, je le reconnais volontiers ; mais il vaut certainement mieux que celui qui consiste à essayer d'appliquer en bloc, sans aucun tempérament, le *Code Napoléon*, à des peuplades essentiellement variables par l'intelligence et la mentalité : au cultivateur Nagot du Bas-Dahomey, paysan tranquille et doux ; aux guerriers Baribas, brigands de grand chemin et coupeurs de route ; aux Dioulas, commerçants paisibles ; aux Musulmans, marchands d'esclaves ; au Baoulé, seigneur féodal, propriétaire de nombreux captifs, arrogant et brutal ; aux Bondjos, anthropophages, d'un degré à peine plus élevés dans l'échelle des êtres que la bête féroce de la jungle.

Un grave reproche fait au commissaire général Gentil est l'appui qu'il aurait donné aux concessionnaires du Congo. M. de Brazza aurait, paraît-il, constaté que Gentil favorisait par des moyens irréguliers les sociétés congolaises et une compagnie industrielle aujourd'hui florissante. Comme le jeune Challaye soutient que tous les concessionnaires du Congo sont des brigands, l'inspecteur Hoareau-Desruisseaux en a conclu que leur complice Gentil était un assassin, et il a essayé de le démontrer.

Le ministre des Colonies avait entre les mains un moyen légal de prévenir le scandale et de l'arrêter, s'il était venu à se produire. Un de ses prédécésseurs a institué auprès des concessionnaires congolais un haut fonctionnaire, chargé du contrôle effectif, résidant sur place, commissaire spécial chargé de renseigner officiellement et périodiquement le ministre sur les agissements des colons du Congo.

Quelle est l'opinion de ce fonctionnaire ? Quel rôle a-t-il joué dans l'enquête Brazza ? Pourquoi le ministre tient-il soigneusement sous le boisseau les renseignements qui lui ont été régulièrement adressés du Congo, depuis qu'il est au pouvoir ? les renseignements étaient-ils bons ou mauvais ?

La néfaste querelle de Brazza contre Gentil aurait pu être évitée, je ne dirai pas avec de l'habileté, mais avec un peu de fermeté et de justice. Dès la mort de Brazza, l'administration centrale des Colonies a perdu la tête et par sa faiblesse a laissé s'accréditer une légende qui pèsera lourdement sur les affaires coloniales et qui sera pour longtemps une arme redoutable entre les mains de nos rivaux et de nos ennemis.

M. Clémentel veut aujourd'hui atténuer le mal qu'il a laissé commettre, passer l'éponge en renvoyant dos à dos les deux adversaires ; et employant le moyen classique cher à tous les chefs de gouvernement soucieux d'éviter les responsabilités, il a nommé une grande commission chargée d'enterrer définitivement la question.

Je crois qu'il se trompe et que l'opinion publique a été trop violemment surexcitée pour qu'elle n'exige pas les explications et les sanctions nécessaires.

S'il s'agit de juger en dernier ressort les crimes reprochés au commissaire général, que l'inspecteur Hoareau-Desruisseaux a promis de dénoncer, de par la loi, au Procureur général, la Commission sera impuissante. Quelle que soit la décision prise, l'agitation recommencera. Si Gentil succombe, ses amis reprendront la campagne, le défendront vigoureusement, et ils ont en mains les preuves nécessaires ; si Gentil triomphe, la mémoire de de Brazza sortira du débat profondément diminuée et le ministre devra sévir contre les calomniateurs.

S'il s'agit d'un plan de réformes à appliquer au Congo, on se demande quelle autorité peuvent avoir des décisions prises par une Commission composée, sauf le Président, de fonctionnaires placés sous la dépendance du ministre.

Parmi les membres de la commission, le gouverneur général de l'Indo-Chine a assez à faire avec les Cambodgiens, les Laotiens, les Tonkinois et les Annamites, sans s'occuper encore des peuplades africaines qu'il ne connaît pas.

Le général Gallieni est à peu près dans la même situation que Gentil ; il a eu la bonne fortune de ne pas rencontrer sur sa route un inspecteur général, qui dénature et dénonce les moyens employés pour pacifier la grande île ; mais le Général sait fort bien que son administration est vigoureusement battue en brèche au pavillon de Flore même, que de hauts fonctionnaires du ministère l'accusent d'avoir engagé des dépenses considérables hors de proportion avec le but à atteindre, d'avoir augmenté pour les couvrir les impôts indigènes dans de telles proportions qu'elles ont amené la dernière révolte.

En Afrique occidentale, la situation est tout au moins aussi tendue qu'au Congo. Un incident imprévu peut d'un moment à l'autre mettre le feu aux poudres, rendre évidentes les causes d'un malaise soigneusement dissimulé depuis quelques années, et provoquer un grand mouvement dont les affaires récentes de la Guinée paraissent être le prodrome inquiétant.

Les principaux membres de la Commission sont donc juges et parties dans leur propre cause ; les décisions qu'ils prendront n'auront actuellement aucune valeur devant l'opinion publique. Elle comprend aujourd'hui que notre empire africain n'a pas été créé uniquement pour entretenir un ministre au Pavillon de Flore et, en Afrique, de nombreux états-majors. Et puisqu'il s'agit de réformes économiques et financières, elle s'étonne que les hommes qui travaillent, qui ont des capitaux engagés, qui ont fait leurs preuves dans toutes nos colonies depuis vingt ans, soient rigoureusement tenus à l'écart de tous les conseils, alors que seuls ils pourraient, par leur connaissance pratique des affaires coloniales, aider l'administration à sortir du bourbier où elle patauge.

Les colons français ont fait en quelques années l'Afrique française, en y apportant leur bonne volonté, leur intelligence et leur argent ; ils ont payé de lourdes taxes pour permettre aux gouverneurs d'établir les bases des premières organisations. Ils ont toujours traité les vaincus avec justice et avec bonté.

Nul ne l'ignorait à l'étranger ; et puisque le ministre des Colonies a hésité à affirmer cette vérité devant le pays trompé par quelques dénonciations sans valeur, plaçons-lui sous les yeux l'appréciation portée en 1901, par les Anglais qui à cette époque étaient bien en Afrique nos voisins, mais non pas nos amis :

« *Les colons français font en Afrique, œuvre re-*
« *marquable ; ils sont les dignes fils de la vieille*

« *France, cette France qui a combattu sur tous les* « *champs de bataille pour la liberté des peuples* ».

Les coloniaux ont depuis longtemps formulé leurs doléances : ils réclament la réforme de l'impôt indigène, des corvées de portage, et de la justice. Ils exigent de l'administration coloniale plus de netteté et de franchise. L'incident Brazza-Gentil qu'ils n'ont pas provoqué, qu'ils regrettent profondément, leur offre l'occasion de faire sonner haut et ferme leurs revendications et de les porter, non devant une Commission de fonctionnaires qui ne les écouteraient pas, mais devant le pays tout entier. Ils ont été injustement et violemment attaqués : il faut qu'ils se défendent en faisant mieux connaître l'œuvre commencée et les résultats déjà acquis. Ils ne failliront pas à ce devoir.

Les coloniaux, enfin, demandent un chef, qui sache commander, qui sache couvrir de son autorité les artisans de l'œuvre commune.

Est-il si difficile de trouver en pays de France, un homme qui réunisse ces deux qualités faites de courage et de confiance en l'œuvre coloniale accomplie par la troisième République et en ceux qui, aussi bons Français que quiconque, travaillent au loin pour la consolider.

www.ingramcontent.com/pod-product-compliance
Ingram Content Group UK Ltd.
Pitfield, Milton Keynes, MK11 3LW, UK
UKHW021001220726
13924UKWH00002B/818